〜自己肯定感がアガる魔法の言葉〜

モモ語録

THE WORDS OF MOMO

MOMOKO KAWAKAMI

川上桃子

光文社

“この本はモモラーさんがお守り代わりに大切に保存してくれている私の言葉集です”

はじめまして、こんにちは。川上桃子と申します。
本職は女性誌でファッションやコスメのライターをしております。服が好き、コスメが好き、新しいものが好きという理由でブログやインスタを始めました。
３年ほど前からインスタライブを始めたところ視聴者が増えて悩みや質問が来るようになり、毎月100人以上、この３年間で3,000人以上の相談に回答してきました。
お悩み相談はライブですることもあれば、インスタのストーリーズで行うことも多いのですが、今回は、辛いときに読んだり、元気が出るからと、実際にモモラー（＝私のファンの方）の皆さんがスクショしてお守り代わりに保存してくださっているインスタ画像の私の回答をまとめさせていただきました。

momoko.kawakami.29

ただ質問に答えるだけではなく、深刻になりすぎずみんなに笑顔になってほしくて、私はもちろん、アシスタントのトモくん、犬のコタロウとコジロウ、猫のコテツのちょっと面白い＆癒される画像を添えています。本書にも登場させていただきますのでお見知りおきを（笑）。

人が抱えている悩みって意外と似たようなことが多いので、人生相談をすると、「私も同じことで悩んでました」という声をよくいただきます。だからきっと、自分とよく似た悩みが本書の中に見つかると思います。

人間は悩む生き物です。キラキラ輝いているあの人も、いつも幸せそうなあの人も、多かれ少なかれ悩みはあるものです。どんな境遇にあっても必ず悩むのが人だから。

私も今まで生きてきて、いいのか悪いのか、いいことも悪いこともたくさん経験をしてきました。不妊治療をしても報われなかったり、2019年には離婚もしたし、仕事で苦しかったこともたくさんありました。ひとりでいろいろなことを考え、苦しみ、入眠剤の欠かせない生活を過ごした時期もありました。どうして私はこうなんだろう？　何で幸せじゃないんだろう？　そう何度も考えた結果、苦しすぎて考えることをやめました。考えることをやめたら、すごく気持ちが楽になって、身近な幸せを探すようにしたら、毎日が楽しくなってきて、人生って本当に考え方次第なんだな、と思うようになりました。そして自分のことを愛して、自分のことを大事にする、それが自分が幸せになる方法だと気がつきました。だから今、迷っているあなたに声を大にして教えてあげたい。幸せの基準は自分で決めることです。人と比べない。比べるのは過去の自分だけで充分です。そして人に期待をしすぎたり、自分の思うようにしようとしない。意見を押し通そうとせず、他人を受け入れる。そうすることで心が楽になり、もっと生きていることが楽しくなるはずです。
これを読んで、ちょっと元気になったり、ちょっと笑えたり、前向きに頑張ろうという気持ちになれたり、少しでも気持ちが軽くなってくれる人がいたら嬉しいです。

Momoko

INDEX

PROFILE

本書に登場する川上家のメンバープロフィール

■ モモさん

1974年9月29日生まれ。ファッション&コスメライター、インフルエンサー。“すべての球を打ち返す”インスタライブが人気。しっかりしていそうで、ちょっと抜けていたり、涙もろいところも。笑顔がトレードマーク。

■ トモくん（長島智大）

1993年5月1日生まれ。モモさんのアシスタント歴２年。インスタライブにも度々出演するモモラーさん達の癒し的存在。特技はバドミントン。マイペースで自称温厚。

■ コタロウ

2013年10月21日生まれ、♂。何犬ですか？とよく質問される純正チワワ。まるで人間のような表情と、まん丸フォルムが可愛いと人気。頑固で散歩嫌い。犬より人間が好き。

■ コテツ

2018年12月14日生まれ、♂。ブリティッシュショートヘアー。コテツ先生の愛称で親しまれている。我慢強く優しい性格で、コジロウの面倒もしっかりみる父性愛の強い猫。

■ コジロウ

2020年8月31日生まれ、♂。マルーキー。天真爛漫、とにかく元気。よく食べよく遊び、人見知りも犬見知りもせず、いつも尻尾フリフリのご機嫌わんこ。散歩大好きの行動派。

Trying to be happy is the secret key to happiness!

CHAPTER

01

～ モモ語録 ～

自分を好きになる 編

モモさん、
自分を好きになれる方法を
教えてください。

私はコンプレックスの塊《かたまり》です。

私もコンプレックスだらけですよ。。
目が小さいし、おでこ狭いし、デブだし、弛《ゆる》んでる。
人間ってみんないいところが必ずあります。
悪いところに目を向けず、
いいところを見つける訓練をするといいですよ。
まずは自分から。自分のいいところを、少しでも褒めてあげる。
どんな小さいことでも。
そうしたら次はもっといいところが見つかるようになります。
悪いところはいっぱいあるけど、いいところもこんなにある。

私だって捨てたもんじゃない

と思ってください。
そのいいところを好きな人も絶対います。
コンプレックスはあって当たり前。あるから頑張れるんだもん。
だから少しずつ克服しましょう。

モモさんは
すごく運を引き寄せていますよね。
幸運が
舞い込む秘訣は
ありますか?

うじうじメソメソしない、
いつも笑顔で元気でいることを
心がけること。
自分は幸運って信じ込むこと。
人の幸せを願うことで
自分の幸せに繋がっていく
と思う。

モモさんに憧れる〜。ハッピーオーラの秘訣を教えてほしい。

幸せになろうとすることが
幸せになる秘訣だと思う。

人と自分を比べすぎないこと。

自分は自分。

なるべく心が平穏になる考え方をして、

ポジティブに考えるようにする。

なるようになるさの精神で、

物事を反省はしても悩みすぎない。

あとは笑顔を心がけることかな。

やっぱり気持ちって自分次第だと思うから。

モモさんがいつも人に
優しくできる秘訣は
何ですか?
コラボライブのときとか、
目が本当に優しい!

私が優しい人が好きなんです。
優しい人と話したり接していると
自分も優しい気持ちになるし楽しいから、
自分もそういう人であろうと努力しています。
毎日の積み重ねだから、
人に優しくって思って
生きていると
本当に優しい人になれるんですよ。
そして私は人が好き。
だからみんなのことも大好きです。

「自分が可愛いって
思ってあげないと
自分が可哀想だから」って
言葉、泣けました。
心に響きます。

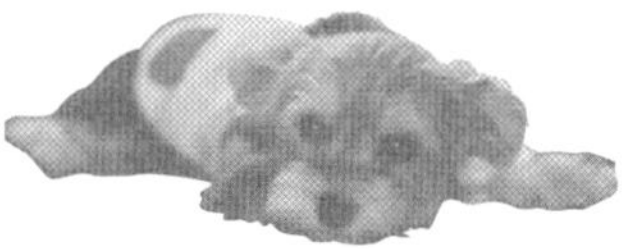

「自分が可愛い」って自意識過剰じゃないんですよ。
だって大切にしている自分だから。
自分のいちばんの味方は自分だから、
誰にどう言われても、自分が前向きになれたら
それでいいんですよ。
美容って、やっているうちに
自分のことが好きになれる。

手をかけて、労《いた》わって、
努力して育てた自分なんだもん!!!
可愛くないわけがない。

気持ちの切り替えが
下手くそで
落ち込んでばかり。

一歩踏み出す勇気をください。

落ち込んでも悩んでも、
基本的にその悩みが
解決するわけでもなくて、

同じ１日を過ごすなら
楽しく過ごしたほうがいいから
切り替えられるよう頑張ろう!
それがストレスを溜めないコツだよ!

モモさんパワーを、モモさんなりのお言葉でいただけませんかー？

世の中はたった少しの天才とあとは努力した人で成り立ってるから、
私は常に努力しなければいけない。なぜなら私は天才ではないからです。
そして努力は無駄にはならない。どんなときでも辛くても笑顔で、
楽しいことは自分で作る。楽しそうにしていたら、楽しさは伝染する。

人をあてにしない。自分のために生きる。
そして自分を大切に。自分に正直に。
自分に厳しく、時には甘やかして、

自分をきちんとコントロールすることが心の安定に繋がります。
これは美容にも言えることで、
もともと美人でも手をかけなければ確実に衰えます。
だから人より頑張って、少しずつキレイを手に入れるだけで、
いつか逆転するときがやってくる。
肌がキレイなことは自信になるし、諦めないことが大切。
時間がかかっても必ずキレイは手に入る。
そう信じて楽しくお手入れを続けていくことが大切だと思ってます。
頑張ろう!

QUESTIONS FROM MOMO'S FANS

なるべく笑顔で過ごそう!と思った転機があれば教えてください!最近いろいろ辛くて。。

辛くて辛くて、私は何でこんな人生なんだろうって毎日思って、
何をするのも苦しいときがあって、
笑ってないと泣いちゃいそうだったからです。
無理に笑ったら周りも変わってきて、
自然に笑えるようになってきました。
それが自分をすごく癒してくれて。

笑っているほうが
人間関係が上手くいく

ってわかったから、
笑うように心がけるようにしました。
自分が変わると周りも変わるし、
気持ちが変われば不幸じゃなくなることに気がつきました。

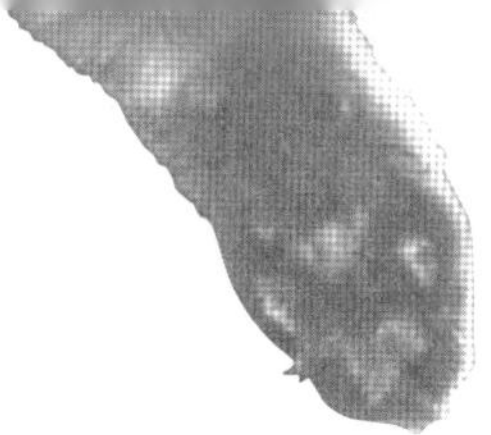

元気がありません。

お顔のお手入れして
自信がつけば
笑顔になりますかね?

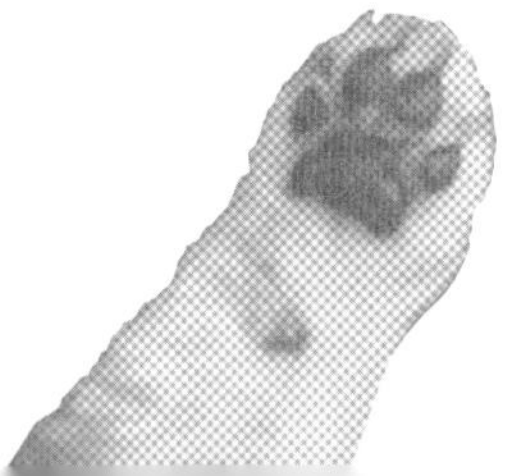

寒くなってきただけでも何だか寂しいし、
元気がなくなっちゃう日もあるよね。
私も元気がないときは

自分を少し甘やかしたり、
自分に手をかけてあげたり、
お化粧したりします。

可愛いリップをつけたり可愛いメークをしたら、
少し楽しくなるし元気も出るよ。自分を励ましてあげて!
あとは神社やパワースポットに行くのもいいですよ!!
そして笑顔になれるようなことを見つけてしたり、
映画やドラマを観たり、
気分転換してリフレッシュしてください。

先日の
インスタライブで
私が誹《ひ》謗《ぼう》中傷にあったと
モモさんに伝えたら、
名前を呼んで「頑張ってね」と言ってくれた
モモさんに本当に救われました。
モモさんに心から感謝し、
私からモモさんに愛を。

誹謗中傷する人はいつも人の悪いところを探して、攻撃して、
それに快感を感じている人だから、本当に可哀想だと思います。
でも、本当に苦しんでいる人がたくさんいることをわかってほしい。
そんなクレームや文句を直接、身近な人に言ったら嫌われちゃいますよ。
嫌われ者になったら老後、寂しいですよ。
ネットでだけそういうことをやるつもりでも、
普段からそうするうちに癖がついちゃうから、
性格が悪くなっちゃうんですよ。性格が悪くなると顔に出る。
私もいろいろたくさん言われているけど、負けないよ。
だから本当に心を痛めないで。否定的なことを言われたら辛いけど、
その人たちの思うツボにならないよう、笑顔を忘れずに一緒に頑張ろうね。

そして**私を含め味方は**
いっぱいいるから!!!!

人と比べて落ち込んでしまいます。

どうしたら直せますか?

人と比べるのって、いいときもあるけれど、
それで落ち込んでしまうならあんまりよくないですよね。
世の中、自分より上の人なんてたくさんいます。
自分より美人、自分より才能がある、自分よりお金持ち。
でもそんなことばかり考えて、
自分は何でこうなのかなって思っていたら、人生楽しくないですよ。

まずは**今ある幸せに感謝して、**
自分が幸せだってことを
認識しないといけないです。

世の中には自分より苦しい人や、頑張っている人ももっとたくさんいます。
嫌なことがあっても負けないで生きている人も、
病気でも前向きに生きてる人も。
そういう人と比べて、頑張ろうって思えるようになるといいですよね。

いろいろ辛いです

……。

モモさんが近くに
いてくれたらいいなあ……
（質問じゃなかった）。

生きていたら辛いことが多いけど、
その分、乗り越えたらきっと楽しいことがあるし、
辛いことがあるから
幸せを感じられるのかも
と思うと少し楽になりますよ。
みんな大変、みんな辛いけど、
その中で楽しいこと、探していきましょう!
笑って長生き! いつでも相談してね。

考えごとをしてしまって、
いろいろ不安で
寂しくて
思わずコメントしてしまいました。

夜はね、本当にいろんなことが不安になっちゃうよね。

私もときどきひとりぼっちな気持ちになって、

すごく辛くなったり、

将来が不安になるときがあるよ。

でも大丈夫! 朝が来たらちょっと

美味しいもの食べて、

きちんと可愛くメークして。

そしたら少し元気になるから。

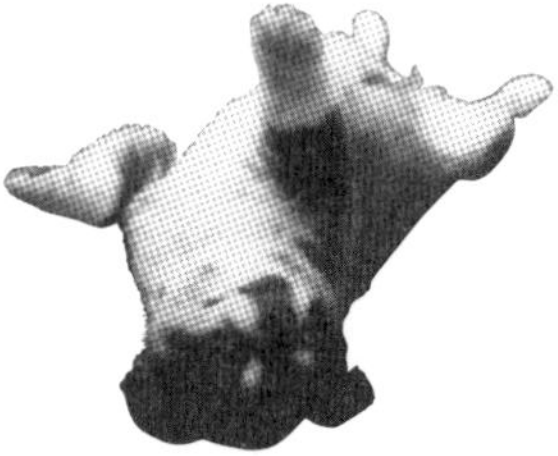

モモさんはいつから
そんなに
プラス思考になれましたか?
考え方にとても憧れます。

嬉しいです。
ネガティブが炸《さく》裂《れつ》していたときもありましたが、
プラス思考になれたのは、
頑張ってきて自信がついて、
悩んでもしょうがないってことがわかってから。
それは悩みすぎたからなんだけど、
そんな自分が嫌になって考え方が変わりました。
老化してきて尚更!!!
老けたくないから悩まないようになりましたよ。
それと**幸せな気持ちになるには、**
自分の考え方次第
とわかったから。

人生これから
どうやって楽しむか
悩む36歳、一匹です。
“桃活„ください

人生って結局は毎日の積み重ねだから、

今日いかに楽しんで

生きるかってことが、

結果的に人生の楽しさ

になると思う。

だから日々楽しいことを

少しでも見つけることが大切だと思うよ。

今、辛くて、笑顔でいようと思っても
マイナスなことばかり考えてしまいます。
活入れてください!

マイナスなことを考えても考えなくても
起きることは一緒、
過去も変わりません。
逆にマイナスなイメトレしてたら、
マイナスになることのほうが多いです。
無理にでも少しずつポジティブに考え方を変えると、
人生も変わっていきますよ。

自分が変わらないと
人生も変わらない。

そして泣きたいときは泣く。でも引き摺らない!
それが大事です。

自分では
どうすることもできないとき、
心が不安定に
なってしまいます。
少しでも楽になりたいです。

わかりますよ。そんなときありますよね。

どうしてこんなことが起こるんだろう。なんでこんなに辛いんだろう。。

そんなふうに心が不安定なときは、私は神社に行って、

いい空気を吸って深呼吸して、

楽しくメークして、あえて笑うようにしています。

そうすると福もやってくるから。

それでも心がざわつくときは、ひたすら没頭できるドラマを観たり。

辛い気持ちって本当に強くてこちらが支配されがちだから。

自分を守るために、なるべく自分が喜ぶこと、心が安心することを

ひとつでも見つけて、自分を癒すようにしてください。

腐らなければいいことは絶対ある。

悪いこともいいことも、

経験として自分の何かの役に立つはず。

頑張ってください。

どうしたら自分に自信が持てますか?

勇気が出ません。

自信ってやっぱり経験と
努力の積み重ねから生まれると思います。
だから、小さくてもいいから
成功のイメージを
つけていくこと、
達成したら褒める、
その繰り返しが自信に繋がると思います。
あとは自分を信じること。

嫉妬とか
しちゃうのは
自分に自信がないからなのかな？

同性かな? 異性かな??? それによっても違うけど、異性だったら、
その相手の行動によっては仕方ないときもあるし、自分に自信がないから、
過去に同じような経験をしたからっていう場合もあるよね。
でも男の人は嫉妬は嫌いだし、嫉妬してる姿って醜いからね。。
出さないで堪《こら》えるのが賢明。ここぞというときに怒るのが効くと思います。
同性だったら、自分と近くて、もう少し頑張ったら届くかな?
みたいな人のことは羨ましくて嫉妬しがちですよね。
羨ましいって思うのは誰にでもある感情だと思う。
そこに近づくために、自分も素敵になる努力をしていけたら嫉妬は
悪くないと思うけど、恨んだり悪口を言うのは、やっぱり自分が醜くなるよ。
感情に支配されない訓練をすると、落ち着いて自分を見られるように
なるけど、それって経験とか年齢もあるかと思う。あんまり深く考えず、

自分は自分って思って、

嫉妬と上手くお付き合いできるようになる

といいですよね!

元気の源は何ですか??

ギスギスしたことを考えない。

自分を信じて、
人を信じて、恨んだり、
比べたりしないで、
穏やかな気持ちでいるように心がけています。
最近、ちょっとクヨクヨしちゃったけど、
それは私らしくないって自分で活を入れたり。
でもいつも元気でいるって難しいですよ。
それでもみんなにも元気を与える人でありたいから。
笑顔でいられるよう、毎日を楽しく生きようと、
楽しいことを探すようにしています。

選択を間違えた と思うとき、 どのように気持ちを 切り替えていますか?

人間って絶対間違えるし、
ミスをして成長すると思っているので、
してしまったことは
もう変わらないから、
これからどうするかを
考えるようにしています。

今の状態をどうベストに近づけるか。
違う選択をしても、よかったとも限らないから。
終わった後に、ああしておけばよかったなって思うことは、
終わったからこそ言えることが多いと思います。
レベルアップしていきましょう。

いつも
明るく笑顔でいる
モモさんみたいになりたいです。

ありがとうございます。
嬉しいです。いつも笑顔でいようと心がけていたら、
笑顔が多い人になりますよ。自然と。
努力すると変えられるからやってみてください。
笑顔って本当に大切だから。

笑顔でいると
笑顔で返してもらえて、
人に優しくできるように
なっていきますよ!

桃子さんみたいに
アクティブな人に
なりたいです。
元気の源は何ですか?

ミーハー心といつも
ワクワクすることを忘れないこと、
楽しいという気持ちを大切にすることです。
あとはコタロウ、
コテツ、コジロウ。

モモさんがご自身の モチベーションや機嫌をキープする方法が知りたいです!

いちばんの方法は、
マインドコントロールかも。
自分の機嫌は自分で取るって
決めているから。
自分自身の気持ちでしかないと思っているので、
自分に頑張ろうって言って、
自分によくやった!っていつも褒めています。
自分に甘くいつもご褒美あげたり。
とにかくいつも自分を可愛がってるから、
機嫌よくいられるのかも。

気分が落ちているとき、
モモさん流の気分の持ち上げ方、ありますか?

仕事柄、気分が落ちているからといって、顔に出して
不機嫌にしていることがありえないので、
どんなに落ちていても仕事は仕事って思うようにしています。
自分と会った人に楽しかったって
思ってもらえるといいなっていつも思っているから、
だんだんそれが習慣化してきて
基本的にあんまり落ちないようになりました。

それでも**落ちるときは**
とことん落ちて、泣いて、
這い上がります。

本とかドラマとか観たり、
同じ気持ちの歌を聞いたりするかなー。

独身のときも結婚しても母になっても、

孤独からは
解放されない。

どう闘えば……。

人は結局ひとりで生まれて、ひとりで最期を迎えるから、

みんな孤独なんだと思います。

でも、その中で

どれだけ楽しい時間を

過ごせるかどうかで

孤独を忘れることができると

思うから。

楽しめることを見つけてください。

機嫌よくいられるかも。

自分の好きなところ、嫌いなところを教えてください。

好きなところは、
頑張って何でもやり遂げる根性があるところ。
大らかなところ。
嫌いなところは、休み方が下手なところ。
意外と気にしーなところ。笑笑。

長所と短所って
相反するようで同じ

ですよね。

モモさんの将来の夢や今後の目標は何ですか?

みんなと一緒に働くことが

目標です。

数年後には徐々に実現できるよう頑張っています。

歳をとっても大好きなみんなと

ワクワクする仕事をしたいです。

モモさんの思う素敵な人、目指す人はどういう人ですか？

相手の立場になって考えられる人。

いつでも自分の利益優先になってしまうと、
仕事でも人付き合いでもダメだと思うから。
そしてみんなにいつも笑顔を届けられる人になりたい。

生真面目すぎて
自分に疲れ、

全てを投げ出したくなるときがあります。
だけど投げ出したら
戻れなさそうで怖いです。

生真面目、いいと思いますよ。

不真面目よりずっといい。

投げ出すのもありだと思うし、

戻れなくなってしまっても、そのとき考えたらいいのでは?

あんまり考えず心の赴くまま、

たまには流されるのも

ありかもです。

自分軸がなく、
自信がない場合、
モモさんは
まずどうされますか??

私も軸はないと思います。流されやすいし。

でもそれって人の意見を取り入れられるし、

いいことではないですか?

自信だってみんなそんなにあるわけじゃないと思います。

自信は積み重ねと努力の成果だと思うから、

もっといろいろなことを頑張って、自分でできる

全てのことをやり尽くしたとき、

少しだけつくんだと思います。

今だっていつでも緊張するし、いつでも不安はあります。

だからこそ人は頑張るんだと思いますよ。

QUESTIONS FROM MOMO'S FANS

最近、
本当にダメダメです。

仕事も日常も上手くいきません。
そういうとき、
モモさんはどうしていますか？

ダメだと思うと悪いことばかり目について、
またダメだったと思いがちだから、
小さなことで成功できる目標を立てて、
できた! ついてる! という習慣をつける。

ついてる、私はついてる。

そう思うことがまず大切だと思うから。

勘や察知力が鋭すぎる自分に疲れてしまいます。

今の自分にフォーカスしたいんですがなかなか……。

察知できるってすごくいいことだと思うので、
あえて鈍感なふりができるような
訓練をしたらいいのでは?

人より自分をよく観察して
自分を伸ばすことで、

結果的に周りにも幸せや何かを与えられると思うから、
自分自身をよく見るようにしてみてください。
すごく能力はあると思うので頑張ってください。

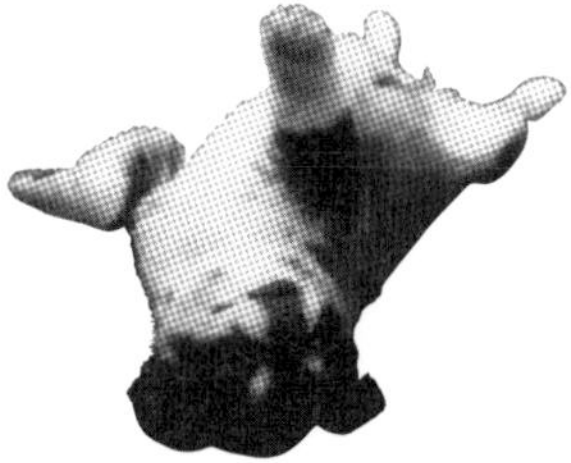

人生って
思い描いていた通りに
いかないこともありますよね。
そんなときの
気持ちの切り替え方が
知りたい。

思い通りにいかないのが人生なんじゃないでしょうか。
思い通りになりすぎたらつまらないし、
努力もしなくなっちゃうのかも。
思うようにいかないからこそ、
考えたり悩んだりして
成長するんだと思います。
だから思い通りにいかないからって諦めず、
違う観点から考えたらいいと思います。

Work or play,
give it all you've got!

CHAPTER

02

〜 モモ語録 〜

人間関係 編

長い間、鬱病を患い、
そのころは思考もおかしいところがあって
周囲に理解されませんでした。
そんなとき鬱病になったと話したら、

友達が全員いなくなりました。

今は完治していますが、以来、
人と関わったり自分の話をすることが
できなくなりました。

そこで友達やめちゃうとかって
そこまでの人だったと思うし、
若かったからいろいろわからなかったこともあると思う。
少しずつでも信頼できる人が周りにできてきて、
話せるようになるといいですね。
でも、私にこうやって話せているのも
第一歩ですよ!!!

信用できる人もいますよ!!!

心の内を話せる友達がひとりもいません。

30歳手前でやばいですかね?

特に誰かに話さなくてもいいと思いますよ。

特に女性って流動的に

友達が変わることが多いですし、

そのときそのときでも楽しく過ごせる人がいれば。

無理して探す必要は

ないですよ!!

どうしても誰かに話したければ文章にしてはどうでしょうか。

共感してくれる仲間ができるかもしれないですよ!

人と関わるときに大切にしていること

は何ですか?

素敵人間、

モモさんのモットーを知りたいです!

笑顔と機嫌が悪くならないこと。
嫌だと思うことがあっても言い方に気をつける。
なるべく相手に
気分よくなってもらうように心がけています。
思いやりが大切ですよね。
あとは**何でも教えてもらおうと思うこと。**
人から吸収したいと思っています。

悩み事を人に打ち明けるのが苦手です。

モモさんのさりげないひと言に励まされています。大好き。

無理に打ち明けなくていいと思いますよ。
人は本当に悩んでいるときほど、
人に言えなくなったりするものです。

誰かに話して
すっきりはしても、
悩みを解決するのは
自分でしかないから。

自分が納得のいく答えを出せばいいと思います。
それだけ相手のことを考えてしまう
優しい人なのかもしれませんね。
私も大好き。ありがとうございます。

久々に会った人に
自分の
正義を押しつけられて、
ひどく嫌な思いを
しました……。
無責任な正義……泣。

正義ってすごく難しいですよね。
自分の物差しだけで
モノを言う人がとても多いですよね。。
正義と思っていたら相手を傷つけていいのか。。
それってすごく間違ってる。
久しぶりに会った人なら、
もうしばらく会うことはないと思って、忘れよう。

違う星の人だよ。

仲のよかった友達と
価値観や感覚、考え方など……合わなくて、
付き合いが
辛くなってしまいました。
友達をやめたいとか
そういうわけではないですが、
モモさんもそういうご経験ありますか？

ありますよ。
でも会って、いつも連絡を取り合うのだけが
友達でもないと思うし、
女性はいろいろ環境も変わるから、
忙しくなったり連絡できなくなったりもあるはずです。

いつかまた
気持ちが寄り添えば
仲良くできるのが友達だと思います。

縁があればまた仲良くなるかと!
だからあんまり気にしなくていいと思いますよ。

嫌いな人や、
いつも不機嫌な人に
ご機嫌取りをしてしまう
自分が嫌。

もっと自分を大切にしたいです。

それが自分を大切にしていないことだとは思わないです。
どんな人にでも好かれたいって気持ち、
みんなあると思いますよ。

顔色を窺って言いなりになってはいけないけど、笑顔で優しくいることは悪いことではないですよ。

不機嫌な人も、いつも笑顔の人に対して
ずーっと不機嫌でいるのは難しいかと思います。
だからあんまり気にすることはないですよ!!

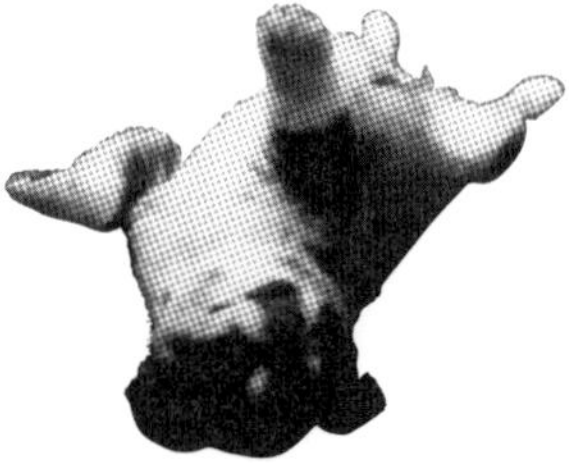

モモさんは
嫌な人と
向き合うとき、
どのような心構えをしていますか?

なぜ嫌な人なのかわからないけど、
先入観をなるべく持たないようにするかな。
私が何かされて嫌な人だったら、
顔に出さずなるべく笑顔で当たり障りのない話をするように心がけます。
生きていたら嫌な人や合わない人にもたくさん会います。
でも、そのことで落ち込む時間がもったいないから。
なるべくダメージを受けないように。

その人も心地よくいられるように
時間を過ごして、
その時間が過ぎ去ってくれることを
願いながら笑顔でいます。

何かしたつもりはない 相手に嫌われたら どう対応しますか?

今はそういうときなのかなって思って、

一歩離れてみます。

気にしすぎると疲れるし、
向こうも対応に困るかもしれないから。
縁がある人なら、
そのうち自然と仲直りできるかと。

どうしたらモモさんみたいに たくさんの人と 仲良くできますか?

いつもナチュラルでいるかも。
人の顔色を窺ったり、悪口ばかり言わない。
いつも楽しい人でいると、
自然と人が寄ってきますよ。
そして、

遊びも仕事も
全力投球!

1対1だと
会話が弾むのですが、
複数だと
すごく苦手で固まります。
モモさん、憧れです。

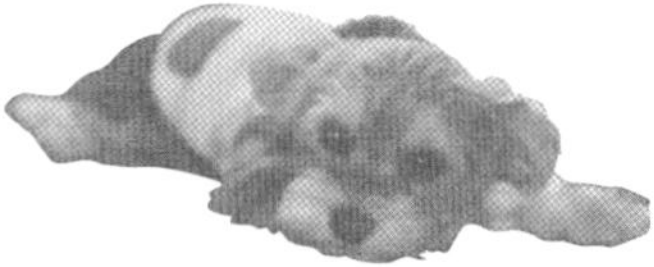

ありがとうございます!
無理に話そうとせず
ニコニコしていたらいいかと思いますよ!! あとは
合いの手を打つこと!
へー!とか、わー!とか、すごーい!とか!
それだけでいいかと。

友達が落ち込んでいるとき、

モモさんは
どんなふうに寄り添いますか?

ただ黙って話を聞いて
寄り添ってあげます。
話さなくても

黙って
ポンポンします。

嫌なことを
言われていたのが
耳に入ったとき、

どのように消化（昇華）なさっていますか？
気にしないようにとモモさんのライブを見たりしても、
やはり心に引っかかって
悲しく落ち込みます。

私はそういうときは、
友達と遊んだり人といてもダメなんです。
思い出しちゃうから。
韓国ドラマを観たり本を読んだり、

自分にちょっとでも
考える隙を与えないような
ことをします。

でも、嫌なことを言われてさらに嫌な気持ちになって
自分の時間を無駄にするのは本当にもったいないです。
そんな人のために悩むのはやめようとしていくと
だんだんできるようになりますよ。

何度も非礼なことをされ、
スルーするのも
限界に達したら、
モモさんならひと言、言いますか?
こちらだけ
我慢するのが悔しいです。

どうしてもモヤモヤするなら言うのもありですが、
私なら言わないかな。あんまり人と揉《も》めたくないから

ぐっと飲み込みます。

言うなら文句ではなく、
傷ついたことを伝えるのがいいと思いますよ。

怒りには怒りでしか
返ってこないから。

裏切られすぎて、
女の人が怖くて人を信用できません（;∀;）
このままでいいのか悩む。

世の中は
ほとんどがいい人だと思います。
でも、ごく一部に平気でそういうことをする人もいるんです。
その人のために、ほかの人を信用できないのは可哀想。
私も何回も裏切られたり騙されたりしてきたけど、
以前、誰かにされた嫌なことを引き摺って、
次に付き合う人を
先入観で見ないようにしています。

人はひとりひとり
違う生き物だから。

傷ついたら相談してきて。

モモさんにとって友達を大切にする、人を大切にするってどういうことですか?

相手に意見を押しつけない。
そして応援する。
友達の成功や幸せを喜べない人は
友達じゃないと思うから。
それは仕事相手においても、恋愛においても同じです。

好きな人の全力サポーターでありたいです。

COLUMN

四角い言葉を丸くする!

モモさん的 運を上げる口癖9

“言霊„というように、相手にも自分自身に対しても、刺々しい言葉を使うと運は逃げていきます。言いにくいことを伝えるとき、ネガティブなニュアンスを和らげたいとき、自分を奮い立たせたいとき、モモさんが使っているこんな言葉を口癖にすれば運気を下げない&幸せが舞い込みます。

1. おくんなまし

切羽詰まっているときや、何度も同じことを言わされてイライラしているときetc. キツく聞こえてしまいそうで言いにくいリクエストやオーダーを相手に婉曲に伝えるのに有効。

用例

「片付けてよ!」
→「片付けておくんなまし!」

2. ○○○子(男)

(ex.ピチピチピチ子、
まんまるまる子、ふさふさふさ男など)

音を繰り返す擬音語、擬声語、擬態語+子(男)で表現。対象の風体、容貌、印象を愛嬌いっぱいに表現するのに有効。

用例

「洋服買おうと思ったらキツかった」
→「洋服買おうと思ったらピチピチピチ子だった」

3. やるしかねぇんだ

何かをどうしてもしなくてはならないときに、自分を励まし奮い立たせるのに有効。

用例

(お腹いっぱいだけど、
そうは言えない会食の際、心の中で)
「食べるしかない」→「食うしかねぇんだ」

4. 本当かね?

こちらが抱いている強い疑念を相手にやんわりと伝えるのに有効。

用例

「そんなことあるの?」
→「本当かね?(ちょっととぼけた感じで)」

5. なんと!

よくも悪くも驚くことが起こった際のリアクション用語。特にネガティブなシチュエーションでちょっと柔らかい印象にできる。

用例

（約束をドタキャンされた際）
「えええええ! 行けなくなっちゃったの!?」
→「なんと! 行けなくなっちゃったの!?」

6. あんたちゃん

ムカついたとき、相手のことをこう呼ぶことによって優しい気持ちになれる。家族などごく親しい間柄で使うこと。

用例

「あなた、何やってるんですか?」
→「あんたちゃん、何やってるの?」

7. 耳ちくわ

ファッション&ライフスタイルプロデューサー・Atsushiさんの口癖。聞くに値しない話は右から左にスルーしようという意味。

用例

「聞きたくない話は耳ちくわ」

8. ネクスト!

Atsushiさんとのコラボライブで生まれた言葉。いつまでもうじうじせず、次に行くときの掛け声。

用例

「そんな男は忘れてネクスト!」

9. GO! GO! GO!!

どんどんいっちゃおう！というときの掛け声。韓国ドラマ「ドドソソララソ」の主人公が使っていた言葉で、明るく可愛く言うのがポイント。道を間違えたり、場の空気が停滞し、雰囲気がちょっと悪くなりそうなときにも使えます。

用例

（なかなか気分が切り替えられない、面倒くさくて腰が重いときに）GO! GO! GO!!

Your greatest ally is yourself.

CHAPTER

03

～ モモ語録 ～

仕事 編

新しい職場に変わり、明らかに

年下の20代の女の子から、タメ語、上から目線で仕事の指示をされます。

私はモモさんと同世代。

言い方にいちいちムカついてしまいます。

年上年下かかわらず、

最初は敬語で接するのが普通だと思います。

モモさんならどうしますか?

私の職種でもタメ口で上から目線の若い子いますよ。
仕事は年齢じゃないと思っているので、
年下でも自分より仕事ができたら気にしないです。
それが悔しかったら、仕事をどんどん覚えて抜くぐらいの
気持ちでやるのがいいと思います!
私だったら

教えてもらう立場でなく、
教えるくらいになるまで
努力します。

仕事で
プレッシャーを感じて
苦しいとき、
モモさんならどんなふうに
マインドを持っていきますか？

なるようにしかならないって思うようにしています。

考えすぎるとミスすることが多くなるので、

ミスしないようにしながらとにかく頑張る。

そして結果はついてくると思うようにしています。

頑張ったことが自信にもなるから

下準備は丁寧に。

言う人がいないから
私が言うしかなくて、
何かと嫌われ役を
やっていて泣けてくる。
#仕事

私も、ほかに言う人がいないから、

言いたくないけど言わないとわかってもらえないので言っています。

でも何でそう言われているか、

そして機嫌や意地悪で言っているのではなく、

愛あるアドバイスだと
わかるように話す。

面倒でも説明して、理解させるように。

大変ですけどいつかきっとわかってくれるはず!

飴と鞭《むち》を使い分けましょう!! 頑張ってください!

いちばん冷たいのは気づいてるのに

何も教えてあげない人ですよ!

どうしたら
強い人間になれるのでしょうか。

仕事をしていると自分の存在価値がわからなくなります。

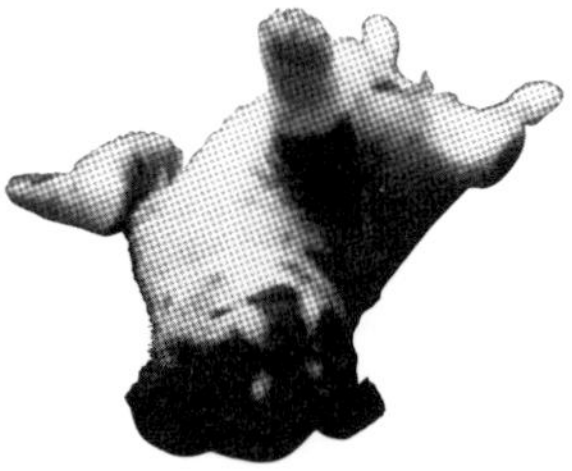

人はみんな弱いと思いますよ。
だから強くなるために努力して自信をつけていくんだと思います。
それでもどんな人でも悩んで、
きっと自分のこと、強いって思ってる人は少ないと思いますよ。
強くなろうと努力すること、誰かのために力になろうとすること、
それが自分の力になる気がします。

ただ存在しているだけで
みんな価値はあるんですよ。
価値がない人なんて
いないです。

職場で
好かれたいという気持ちが強く、
周りの目を気にしてしんどいです。
どうしたら強くなれますか?

嫌われてもいいや、

という嫌われる勇気をまず持つことだと思います。

顔色を窺って話をしたり、必要以上に持ち上げたりしていると、

馬鹿にされたり下に見られたりしてしまうと思うんです。

自分を持つこと、自分は自分と思うことで、

魅力的な自分になれると思うから。

人にいいところを見てもらおうと思うんじゃなくて、

自分のよいところを自分で探すようにして、

自分のいいところを褒めて、自分を好きになってください。

誰よりも自分が好き。それでいいと思うから。

だって**自分のいちばんの味方は**

自分ですから。

そうしていくうちに自信もついて少しずつ強くなっていくと思いますよ!

頑張ってください。

QUESTIONS FROM MOMO'S FANS

仕事に行く前、あまり気分が乗らない

ときはどうしていますか?

丁寧にメークして。

楽しいことを考えて、

仕事終わりに予定とか入れてみたり

←ひとりでできること。

あとは気合い。

自分で活を入れるしかない。

雨だったりすると

いろいろ面倒になったりしますよね。

我が強い後輩のことで悩んでいます。

素直に「はい」と言わず、
自分の意見を押し通すので
しんどいです。

若いうちは、すぐ「はい」って言うのって
難しいかもしれないです。
まだ経験が浅いから、人を認める、
自分を見つめることが充分にできない。
でもそれを上から怒るときちんと聞き入れてくれないから、
言い訳タイムを作って、主張を聞いてから提案して、

どっちが正しいか、
どちらのほうが効率がよいか、
自分で冷静に考えさせる

と、よくなるかも。トモくんはそうやって少しずつ
言い訳がなくなってきましたよ。

子育てが
いち段落して再開したものの、
久々の仕事全然覚えられないんです。
めげます。
気持ちの保ち方教えてください（泣）。

仕事が覚えられないなら
人より努力するべき。
人の3倍努力したら
覚えられるから頑張りましょう。
それでも覚えられなかったら、
めげましょう。
とにかくやってみる、頑張ることが大切。

夫の転勤のため、
私は退職し専業主婦になります。
知り合いもいない場所で
新しい暮らしが始まり、仕事をしないので、
社会から切り離されて
しまうんじゃないかと
不安で仕方ないです。

しばらく働く予定はない感じなんですかね?
それなら不安に思っても思わなくても同じなので、
まずは主婦の仕事を極めてもいいのかもですよ!
美味しいご飯を作るとか! 節約してみるとか!
そういうことでも、
頑張ることで未来の仕事にも繋がっていきますよ!
今は家事も立派な仕事として
成り立つわけだから、
何事も考え方次第!
頑張りましょう。

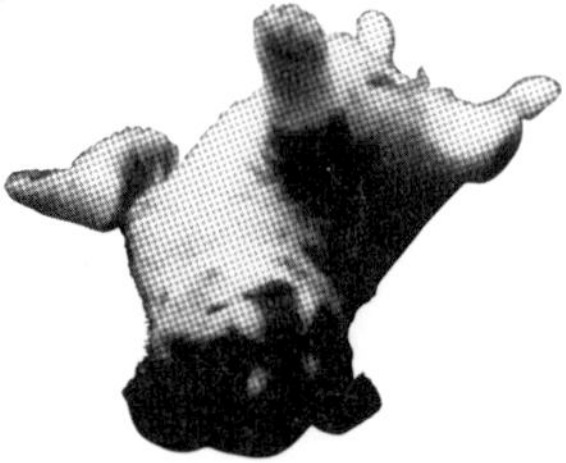

3年間の育休取得後の
看護師復帰、不安です。
長く休んでいたから
周りからの目が心配。
どうしたら前向きでいられますか?

休んでいたわけだし、
その間にいろんなことが進化して、
わからなくなって、できないのも当たり前です。
「いろいろ教えてくださいね」
と伝え、きちんと仕事をしていれば、
誰も変な目で見ませんよ!
当然の権利だし、ほかの人だって育休や産休が
取りやすい環境でないといけないですしね。
心配だったら、「復帰すぐで体力的に追いつかず、
ご迷惑をおかけするかもしれません」と伝えたうえで、
「でも頑張ります!」って言っておくのがいいかも。
頑張ってください!

職場で
親世代の後輩に
どのように接したらいいですか?

先日、指導中に逆ギレされ、
仕事なので放置もできず（涙）。

もちろん年齢を考慮して言い方は考えますが、

仕事に年齢は関係ないと思っているので、年下と同じように扱います。

逆ギレしてきたら、

「こんな若い子に言われるのは
嫌だと思うかもしれませんが、
仕事なので理解してもらいたい」

と話すかもしれないです。。

いつまでもそれじゃ困るしストレスですよね。。

その人のためにもよくないし。

あとはその人のことを褒めながら、促すように注意するようにするかな。。

2つ褒めてひとつ窘《たしな》めるみたいな。。

頑張ってください。

仕事のモチベーションが下がる一方で悩んでいます……。半年以上こんなです。

仕事って、モチベーションが下がるって
思い続けたらずっと下がると思います。
仕事だから、
自然に楽しくなることは
難しい。だから何か自分で楽しめること、
頑張れることを見つけないと
モチベーションって上がらないと思います。
それができない仕事なら、
転職を考えるのもアリかと思いますよ。
仕事って生活の大半を占めるから、
頑張れないと辛いですよね。頑張ってください!

仕事に
完璧を求めすぎて、
周りに対してイラッと
しちゃうことが多いです。
力を抜いて仕事したいです。

自分はずっと完璧なのか?
絶対に間違えないのか?ということを考えると、
許せたり、違う気持ちになるかと。
完璧なのが必ずしもいいとも限らないし、完璧でないことから
何か生まれることもあるから。

それに相手に求めすぎて
イライラすると、
自分と仕事をしたいと
思う人が減ってしまうから、

嘘でも笑顔で。そのうちちゃんと穏やかに、
いつもの笑顔でいられるようになるはず!

QUESTIONS FROM MOMO'S FANS

年上の先輩と
仲良くしていましたが、

私が初めて意見してから上手くいかなくなりました。

上手くやっていくには、
私がこれまで通り持ち上げていたほうが
よかったのか、後悔と迷いがあります。

我慢してでも、その人とこれからも
付き合っていきたいのか、
それともそこまではしたくないのか、
考えるといいと思います。

やっぱりいつも持ち上げるのは疲れるし、
どちらにしろ心から仲良くはなれないと思うから。。
うわべだけ仲良くやりたいなら、そういう人だと割り切る。
ちゃんと付き合いたいなら今の姿勢を崩さず、
それで上手くいかないなら、
相性が悪いと割り切るしかないのかも。。

私もいろんな仕事をやりたい。

どうすればよいのでしょう?

まずは自分が何が得意なのか、
何ならできるのかを
検索したり考えたりするのがいいと思います。

とにかく
すぐ行動に移す

ことが大切です。

QUESTIONS FROM MOMO'S FANS

陰口がちょいちょいある職場で

すごく気を使ってしまい、

ヘロヘロです。

アドバイスください。m(__)m

人は人、自分は自分ですよ。
陰口はライバル視されているから
言われることが多いと思います。

突き抜けたら
何も言われなくなるから
頑張ろう!!

QUESTIONS FROM MOMO'S FANS

職場に年下しかいません。

年下の人と接する際、
意識していることがあれば
教えてください!

若者ぶらないこと。

痛いから。。
同じ気持ちにならないことかな。
やっぱり生きた長さの分だけ、
人って違うから。
あえてそんなに仲良くなれなくても気にしない。

Happiness or unhappiness, nothing can start until you take action.

CHAPTER

04

～ モモ語録 ～

恋愛&結婚 編

夫の言葉遣いが上から目線でイラつきます。何度か言っても改善しないけど諦めるべき?

傷ついて悲しいと言ってみたらどうでしょうか。
トモくんはいつも、
モモさんそれ傷つきます！って言ってくるので反省します。
悪気はなくても強い口調になったり、
つい出てしまう言葉で
悲しませていることがわかれば、
優しい言い方をしてくれると思いますよ。
それでもダメなら

そういう言語の人だと
思いましょう。

付き合っている人が既婚者です。

頭ではダメとわかっています。

今だけ……、

こんな私は弱いですか?

頭と心は別だから、
わかっていてもやめられないことって人生多いですよね。
既婚者は優しいです。
不倫は責任がないから優しくできるんですよ。
そして本当に弱かったら、不倫するよりひとりだけを愛してくれる人に
愛されていたほうが守られるし幸せです。
不倫は寂しい。その人が入院しても何かあっても、
いちばんに側には駆けつけられないんですよ。
やめようと思っても自分で納得しないとやめられないと思うから、

何が幸せかよく考えると
いつか嫌になるときが来る

と思います。

LINEの返信がマメではない男性と会うか悩んでいます。付き合っても上手くいくか心配です。。

付き合う前から悩むならやめたほうがいいかも。

上手くいったら

彼を変えることはできるかもしれないですよ。

相手を好きなら
人は変わります。

頑張ってください。

もしよければ……。
10年
別居の理由は
何でしょうか？

旦那さんの男性不妊がわかって
気持ちが完全にずれてしまいました。
仕事も忙しかったので1日、2日と帰らない日が増えてきて。
最後は何年か帰ってこなくなりました。
いつか戻れる、そう思っていたけど溝が深すぎました。
だから、もし不仲になったら早いうちに手を打つべきです。
いろいろなことを考えすぎたり、
怖くてきちんと話し合えなかったこともよくなかったと思います。

相手が傷ついても自分が傷ついても、
話さなければいけないことは
ちゃんと話し合わないといけない

とよくわかりました。
夫婦で向かい合えなくなったら
終わりへのカウントダウンですよ。

離婚経験者です。
ひとりなんですが、
ひとりが寂しいと
感じるときはありますか?

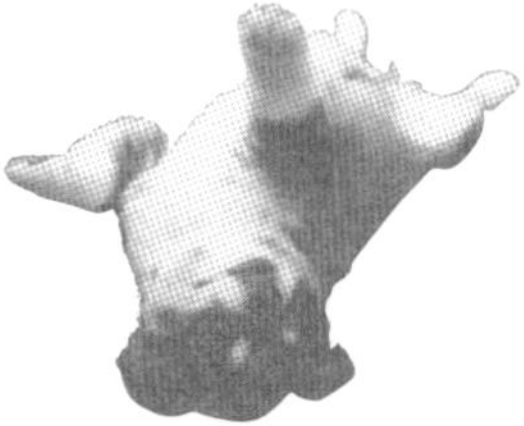

ありますよ。

夜の闇に飲み込まれそうになることもあります。

でも、2人でいるときの寂しさと比べたら

今はすごく気楽で幸せです。

そしてなにより今はみんながいるから幸せ。

2人でいても何人でいても
孤独を感じるときは
感じますよ。

誰しも将来が不安で、

この生き方でいいのかと思っていると思います。

離婚して よかったですか？

よかったです。
この 10 年、心から笑ったことはなかったんです。
いつもどこかに大きな石のようなものが
つっかえていて、
何をしていても幸せじゃなかった。

離婚して
はっきりいろいろ諦められて
本当に楽しいし、
自分のために
生きていると思います。

結婚って、
何やと思います？

生活。

昔は我慢と思っていました。
でもそう思うと悲しくなるから。
家族が増えるということ。
寄り添う人がいて、戸籍だけでも入っていたら、
やっぱりひとりじゃないって
気持ちになるのかも。

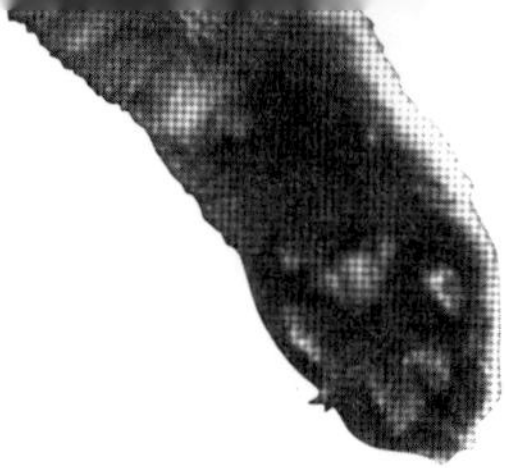

浮気されたら許しますか？

彼氏が信用できなくて不安です。

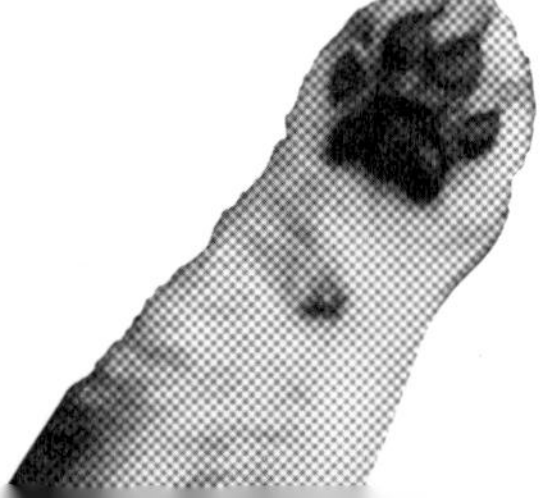

これってすごく難しいですよね。
許したふりをしても、
心で許してなかったら態度に出るから終わります。
私も何回も浮気されて許したことも
許さなかったこともあるけど、相手と自分次第なのかなって。。
許すならきちんと許して、
相手が二度としないと信じてあげてください。
信用してないとまた浮気されるか、
自分の気持ちがついていかないです。
だからずっと**信用できないなら**
別れたほうが幸せかも。

彼の誕生日に
キーケースをプレゼントしたら、
いちばん使わないやつって
言われて
心が折れました。

人がくれたプレゼントに対して
そんなことを言う人といていいのか? 疑問です。
心がわからない人ですね。

好きな人からもらったものなら、
苦手な食べ物でも
食べちゃうぐらいの人でなければ
幸せになれないと思います。

そんなことを言われたら、
私ならもうプレゼントあげないかなって
気持ちになっちゃう。
その彼、幸せにしてくれるんでしょうか???

結婚願望のない彼氏と好きで別れられないアラサーです。別れて出会いを見つけるべきでしょうか?

彼のこと忘れられますか?
結婚したいその気持ちが彼を好きな気持ちより勝ったら
別れられると思うけど、
好きなうちに別れても
忘れられない気がします。
どうしても結婚したかったら、
彼と話し合って
次の人を見つけるのはありだと思いますよ。

誰かにとっては最低な男でも、私にとっては最高の男!

そう思うのは違うと思いますか?

違わないと思います。
ただみんなにとって最低の男なら、
もしかしたら恋は盲目かも。
でも最後まで上手く騙してくれて、
自分にとっていい人で自分が幸せならありかと。

幸せは誰かに
決めてもらうものでもなく、
世間体でもなく、
自分が決めるものだから。

QUESTIONS FROM MOMO'S FANS

自分が素直になれる人と
好きになる人が違う場合、
結婚にはどちらが
向いてるんだろう……。

自分が素直になれる人のことは好きですか?
好きすぎると自分のコントロールができなくて嫌な自分になっちゃうから、
好きすぎる人と結婚するのはどうなのか?
って言う人もいるけど、

好きな人がいるなら、
その気持ちを抱えて自分が
素直になれる人と結婚しても、
その人を
傷つけちゃう気がするなー。

47歳でモモさんよりオンニ（＝お姉さん）です。
婚活離れて2年……。

やはり恋愛したい
結婚したい!!

何かアドバイス欲しいです。

アプリとか紹介とか。

オンラインが

今はいいみたいだよー。

すべてやめて
海外赴任について行き、
離婚し0になってしまい
生きることが
しんどいです。
力をください。。

でも、海外で過ごした時間って
すごく貴重だったと思います。
いろんな経験を積んだわけだから、

**無駄なことなんて
ありませんよ。**

何もないことも。何がやりたいか考えて、
これからどうしたいか自問自答して、
努力していけばいいと思います。

彼の服のセンスがダサすぎて、どう言ってあげたらいいのでしょうかー？

「今度、一緒に洋服買いに行こうよ」って誘って、
こういうのが似合うとか
アドバイスしてみたらどうでしょうか?
彼の自尊心を傷つけないように、
いつものもいいけどもっといいって言うのが重要かと!
男の人は単純なので

すごいー! 格好いいー!
みたいな感じで
褒めるといいかと!

旦那以外に好きな人……どうしよう。

離婚する気がなかったら、
深入りするのはやめたほうが賢明かも。
一時の恋心で一生の後悔をすることもありえます。

エア恋愛で楽しんでるぐらいが幸せですよ!

ドキドキは大切だけど。

田舎に住んでいると、
独身でいることが
悪いことのように
感じることがあります。
35歳です。

うちの実家も田舎だからわかります。
でも、結婚って人生が変わるぐらい大切なことだから、
焦って決めたら絶対後悔!!
遅れてる田舎めー!と思って、
無理しないようにしましょう!!

結婚はゴール
じゃないですから。

グイグイ行きすぎて 好きな人から 返信が来なくなりました……。 まだ好きですが次に行くべきでしょうか？

引いてみても全然連絡が来ないけど
まだ好きというなら、最後に
はっきり聞いてみるのも
ありかもです。
モヤモヤしていると次にも行きにくいから。
フランクに。
私なら、はっきり言ってくれないと
次にも行けないから
はっきり教えてーって言っちゃうかも。

好き！
付き合いたい！って
気持ちが何か、
わからなくなって
しまいました。

無理してそういう気持ちにならなくても、
好きな人ができたら
自然とそういう気持ちになると思うから
気にしなくてもよいと思います。

恋はしようと
思ってするもの
じゃなくて
突然落ちるものですよ。

6年付き合っている彼に
距離を空けようと言われ、
めっちゃ落ち込んでます。
諦めたほうがいいですか?

理由は何でしょうか。。
別れるために距離を空けるのか、
やり直すための距離なのか、
きちんと確認したほうがいいと思います。
長いと執着してしまいますが、

お付き合いって
年月ではないと思うから。

彼が別れのために離れたいならネクストです。
6年も一緒にいて
一方的に別れを告げる彼もずるいから、
最後はきちんとしたいですよね。

結婚8年目で3度目の転職をするかもしれない旦那に何て声をかけたらいいのかわかりません。

わからないときは
あえて言葉をかけなくていいと思います。
相談されて何と答えていいかわからなかったら、

手を握って「応援するしかできないけど」って

伝えるだけで頑張れると思います!

離婚を決断する決め手は何でしたか?

価値観が全く合わず言い合いばかりで
幸せを感じられません。

もう無理だなって思ってから、5年以上考えました。
それでも変わらないから、
もう変わってしまったんだなって。
昔みたいには戻れないことがよくわかったから
離婚しました。
うちの場合、価値観とかより、
もう家に帰って来なくなってしまったんですよ。
だから話し合いもなく離婚しました。
結婚って何だったのかなって思ったりもするけど、
でも結婚してよかったと思ってるし、
離婚もしてよかったと思ってます。

QUESTIONS
FROM MOMO'S FANS

復縁したい元カレに
連絡する勇気が出ません。
モモさん、勇気をください。

人生は一度きり。
そんなに好きになる人は何人も現れません。
もし本当にやり直したいなら早く連絡すべきです。
誰かのものにならないうちに。

幸せになるのも
ならないのも、
行動しなければ
始まらないから。

ファイト!!!!

ひとりだと将来が不安だけど、結婚って必要ですか？

自分が必要でないと思えば必要ないかと。
人生で何が大切かは人それぞれ。
結婚していても将来は不安です。

一生懸命
働きましょう。

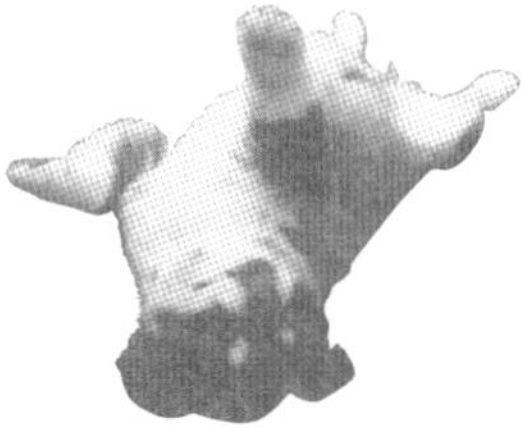

彼を試したり
確認するような言葉ばかり使ってしまう。
素直になりたい。
どうしたらよいですか?

自分に自信を持てば
そういうことをしないようになると思います。

彼に
愛されていると
信じましょう。

ダメだとわかっていても
既婚者に魅力を
感じ惹かれてしまいます……。
どうしたらいいでしょうか？

既婚者がなんで素敵に見えるのか。。

それは余裕があるからですよ。余裕があるのは誰のお陰か。

妻や子ども、家族のお陰なんです。

家ではだらしがなかったり、奥さんにもいい人とは限らない。

そして本当に辛いとき一緒にはいてくれない。

そして何かあっても駆けつけたりもできない。

本当に好きになったら消耗するし、

既婚者といたらやっぱり

心からの幸せは

手に入らないと思います。

そういういろんなことを考えると、ちょっと覚めるのでは。

片思いの人に対して
拗《す》ねる気持ちが
湧いてしまいます。
モモさんならどうしますか？

片思いだったらそれは隠します。
自分が拗ねられたら面倒臭くなっちゃうと思うから。
だってまだよくわからない人に、
自分が拗ねられたら「??」ってなっちゃうから。
両思いなら拗ねてるって言っちゃう。

女も男も
素直がいちばん。

旦那さんといても寂しい。

ひとりでいる寂しさより、2人でいて寂しいなんて。どうしたらいい?

ひとりで寂しいのは当たり前。
ひとりになって、2人で寂しいのがいちばん辛かったと思っています。
何人でいても孤独なときは孤独なんですよ。
幸せになるには、執着しない、人に期待しない、
人と比べない、自分を好きになる。
10年以上別居している間、ずっと苦しくて寂しいときに出た結論です。
期待しなくなったらすごく気持ちが楽になって、
自分らしく生きられるようになりました。
自分の人生が不幸と思わないことです。
小さな幸せに感謝していくと寂しくなくなると思います。

自分で自分を楽しませてあげる。
幸せの価値観を自分で決める。

これしかないなって。

年齢差、自分の肌変化、
体の変化が気になりすぎて、
恋愛に
一歩踏み出せない
私にエールをください。

そのままの自分を好きになってくれる人でないと
後々も疲れるしダメだと思うから、

そのままを好きになって
もらえるよう
アタックしましょう!

しっかり見てくれる人を見つけてください!
人は外見ももちろんあるけどそれだけじゃなくて、
内から滲《にじ》み出る雰囲気とか性格とか居心地とか、
そういうこともすごく大切ですよ。
そして世の中いろんな趣味の人がいますよ!
美人でピチピチピチ子だけが圧勝じゃないんです。

離婚したい。

新しい幸せを掴むために。
でも主人が怖くて言えません。
背中を押してください。

それでも

本当に
離婚したくなったら言える

と思います。

私はメールで言いました。

対面で言う勇気がなくて。。

逃げてもいつかは言わないと

あっという間に1年経っちゃうから。。

頑張ってください。

モモさんは、
男女の友情は
成立すると思いますか?

うーん。

成立すると
思いたいけど
男の人に下心が
ある場合が多いよね。。

比較的。

優しくいい人な彼。しかし**ときめきません。**アラサーで、このままでいいのか悩んでます。

どんな恋愛がしたいのか。
ときめきってなかなか長続きするのも難しいし、
結婚したらずっとときめいているのは
もっと難しいかと思います。
一緒にいて落ち着いて、もっといたいとも思わないなら、
ほかの人を探したほうがいいかもしれないですが。
ただ、結婚は生活でもあるから優しくていい人が
結果いちばんいいような気がする。。
いつもドキドキしていろんなことがあるのは疲れちゃう。

穏やかな幸せって
意外と貴重です。

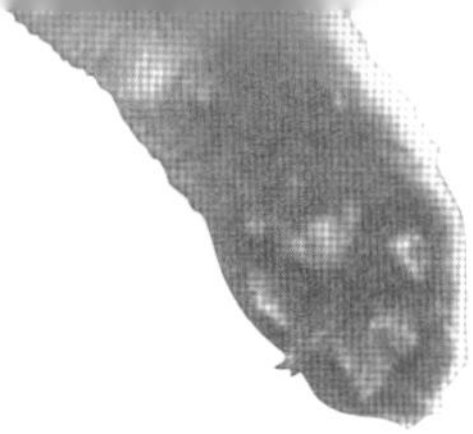

夫に対して、
いつまでも思いやりを
持つ方法が
知りたいです。。

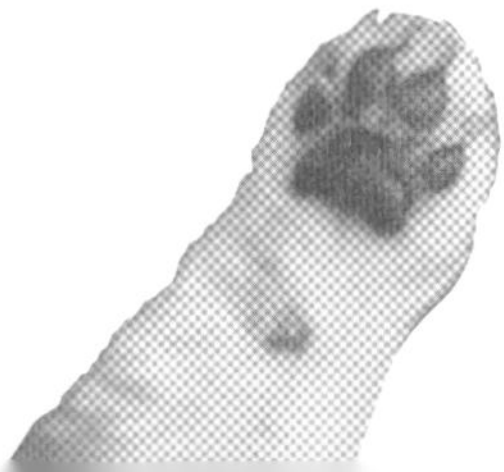

毎日一緒にいて

当たり前に
思えることも、
実はありがたいこと

と思うこと。尊敬してあげること。

感謝することが大切だと思います。

“性格がいい人が増えたら もっと優しい気持ちになれて、 いい世界になると信じています”

ずっと本を作りたいと思っていました。ライフスタイルやファッション、ビューティにまつわるもの etc. 何にしようかと悩みましたが、いちばん最初の本をこのようなテーマにしたのは、オンラインサロンのメンバーさんからいただいた言葉を思い出したから。「メークだったらメークさんのオンラインサロンに入ればいい、ファッションならスタイリストさんのところに行けばいい、モモさんのオンラインサロンに入ったのは性格がよくなりたいからです」と。
決して私が性格がいいということを言っているわけではなく、私はいつも性格がよくありたいと思っています。そして性格がいい自分が好き。いい人になれるように努力しています。そう強く思うことで本当にいい人になれるから。

お誕生

ゆとり世代

だから今回は思想の本にしました。性格がいい人になるには、そう見える行動を取らなければなりません。いつも笑顔でいること、小さなことに感謝して楽しむこと、近くにある幸せをいつも探して、人生を豊かに生きること。これを積み重ねていくことで自分も変わっていきます。最初は無理に優しくしていても、それが習慣になって優しい人になれるんです。そして優しい人には優しい人が集まります。誰だって性格がいい人と仲良くなりたいから、みんなから慕われるようになっていくんです。だから性格がいいことは必ず自分のためになっていきます。

生きていたら悩みがいっぱいです。必ず人と関わり合わなければなりません。人と関わり合ったら自然と悩みが生まれます。それで腐ったり、ギスギスした自分にならないでほしい。人間はみんな違うから、気持ちが100%伝わって、自分の意見が全て受け入れられることなんてありません。だからこそ、人は悩み苦しみ、成長できると思います。でも悩んでいると苦しい。自分では答えが出せないとき、少し考え方を変えるだけですっきりしたり、元気になれることってありますよね。この本はそんなときの処方箋

Thanks for your letters!
I treasure them all ♥

でありたいと思っています。そしてどこかクスッと笑えることも大切。私はいつもみんなを笑わせたいと思っています。笑うことはとても体にいいから。

そんな私の思いを汲んで、一緒に苦労してくれた編集の原 里奈さん、インスタで使った写真を一生懸命探してくれたり、撮影にも参加して私を補佐してくれているアシスタントの長島智大さん、素敵な写真を撮ってくださった蓮見 徹さん、私の悩みをいつも聞いてくれて、元気づけてくれるオンラインサロンのモモラーさん、そしていつも私を支えてくれるたくさんのモモラーさんには感謝しても感謝しきれません。辛いとき､元気がないときは、いつもみんなからいただいたお手紙を読んで元気を出します。

みんながいてくれたからこそこの本を作ることができて、とても嬉しく思っています。この場を借りて、本当にありがとうございます。この本を通じて、ひとりでも多くの人の心が救われて、元気で楽しい毎日が送れることを願って。

Momoko